AF321836

RAPPORT

SUR LA

SITUATION DES ÉCOLES DE GARÇONS

DE SCEY-SUR-SAONE (CHEF-LIEU DE CANTON)

ANNÉE 1872

Je remercie la Commission cantonale pour les Écoles d'avoir bien voulu me choisir pour la surveillance de celles de Scey-sur-Saône, en ce sens qu'ayant vu ces écoles à l'œuvre depuis le premier jour de leur transformation en 1866, et m'étant intéressé à leur développement, j'ai pu, en qualité de Maire, les étudier de près, de façon à me permettre d'en parler avec quelque connaissance de cause.

Ce rapport est divisé en deux parties : la première traite des écoles de garçons grands et petits; la seconde, du cours d'adultes.

Première partie. — Écoles des Garçons.

De réels efforts ont été entrepris en France depuis bien des années pour l'instruction primaire, tant au point de vue de l'amélioration de l'instruction proprement dite que des améliorations d'hygiène et de salubrité. Sans nous laisser aller à un trop grand optimisme, bien loin de trouver que la perfection est atteinte, nous pensons que le progrès est sensible et près d'atteindre le but désiré, si l'on a bien soin, entre autres choses, de ne pas affaiblir l'élément religieux, qui, en développant les principes du respect d'autorité et d'une saine morale, s'adapte si bien avec l'instruction, malgré l'avis contraire de certaines personnes.

En constatant un progrès pour Scey-sur-Saône, nous ne faisons que constater un fait qui tend à se généraliser partout ; mais encore existe t-il, et nous espérons par la suite de ce rapport démontrer une situation satisfaisante dans son ensemble.

On a dit que le bien provient quelquefois de l'excès du mal. Rien n'est plus vrai pour les écoles de Scey-sur-Saône. Elles étaient dans une situation déplorable en 1866, situation qui doit être en partie attribuée à l'état des bâtiments scolaires insuffisants et menaçant ruine, et à un budget de la Commune très-précaire.

Les enfants étaient agglomérés dans un rez-de-chaussée, rez terre, privé de sous-sol, de caves ; le plancher, pourri, suintait d'eau. L'air respirable était de 1 mètre cube 76 centièmes par élève. En effet, la dimension des deux

chambres était de 15 mètres 5 pour la totalité de la lon-
gueur × par 5 mètres de largeur × par 2 mètres 5 de
hauteur. Total : 193 mètres cubes 75, lesquels, répartis entre
110 élèves, donnent 1 mètre cube 76. Quant à la classe des
plus petits, âgés de trois, quatre et cinq ans (la salle d'asile
n'existait pas alors), elle était située à l'autre extrémité du
village, près de l'Église, dans une grange, en contre-bas de
la route d'au moins huit mètres, d'où il résultait que les
jours de pluie ces petits êtres étaient dans l'eau et inondés.
Tel était l'état des choses, lorsqu'en août 1866 je pris la
direction de la Mairie. Ma première pensée fut pour les
écoles, et je me ressouviens que, suivi d'un maçon, j'allai à
la classe des petits, et là, à huit mètres en contre-bas de la
route, je fis pratiquer à gauche une issue dans une latrine
afin que l'eau du ciel n'envahît pas la classe comme elle le
faisait bien tranquillement depuis plusieurs années.

Ayant eu occasion, dans mes voyages, de faire des
termes de comparaison dans les écoles publiques aux États-
Unis, en Angleterre, en Allemagne, je n'oublierai jamais
l'impression pénible que j'éprouvai lorsque j'eus à m'oc-
cuper à remédier à une telle situation. Je la résumerai en
rappelant que depuis 1862 des préfets et des inspecteurs
d'académie avaient déclaré qu'un tel état de choses n'était
plus possible et que les écoles allaient être fermées si on
ne prenait un parti.

Ce parti n'était pas aussi facile à prendre qu'on pourrait
le supposer, en raison de la répulsion pour toute inno-
vation, signe souvent observé du caractère de notre nation
et d'intérêts particuliers qui se croyaient à tort lésés. Les
uns voulaient bien la réédification des écoles, sans toucher
au reste ; les autres voulaient réédifier différents services

sans toucher aux écoles, d'autres ne voulaient pas entendre parler de salle d'asile ; d'autres enfin souhaitaient le *statu quo*. L'unité d'ensemble, la construction d'un vaste édifice à un mètre près du centre de la localité pour ne pas exciter les jalousies, et composé de tout ce qui constitue à notre époque la réunion sur un même point de tous les services nécessaires dans une grande commune, tel était le but à atteindre. Il le fut, grâce au bon sens et au zèle éclairé du Conseil municipal. En 1867 s'élevait un bel édifice que l'habitant montre aux étrangers avec une satisfaction bien légitime.

Il contient une vaste salle de justice de paix, au centre d'un rez-de-chaussée élevé d'un mètre au-dessus du sol avec de vastes salles de Mairie au premier étage et bibliothèque. L'aile gauche contient au rez-de-chaussée les écoles de garçons avec de spacieux logements pour les instituteurs au-dessus. A l'aile droite se trouvent les salles pour les filles, avec appartements pour les sœurs au-dessus. Derrière cette aile se trouve une salle d'asile, organisée avec tous les perfectionnements possibles. Le tout est entouré de jardins et de gymnastique pour les garçons, de jardins séparés pour les instituteurs et les sœurs, de remises pour les pompes de la commune, etc., etc.

Des subventions de l'État et un don particulier avaient contribué à résoudre le problème : dès lors l'élan était donné.

L'École des grands a 79 mètres carrés 75 centièmes. La hauteur est de 4 mètres. Cette salle peut contenir 60 élèves. Il y a 10 élèves par banc, avec une moyenne de 5 mètres cubes 1/2 d'air par élève.

L'École des petits a 65 mètres carrés. Elle peut contenir 60 élèves sur 6 bancs de 10 élèves chacun, ce qui donne, vu une hauteur de 4 mètres, 4 mètres cubes d'air par élève.

Nous ferons remarquer que tandis que, dans la majorité des écoles de France, la moyenne d'air par élève est encore de 3 mètres, les écoles de Scey-sur-Saône atteignent 4 mètres 1/2, puisque nous avons 5 mètres 5 dans l'une, et 4 mètres dans l'autre. Ces deux écoles ont un système d'aération, de ventilation aux extrémités. Ce moyen ingénieux est obtenu grâce à des cheminées à air qui atteignent le comble, et permet, dans la saison froide, d'éviter les courants d'air qui pourraient être funestes aux enfants; le tout s'obtient sans être obligé d'ouvrir les fenêtres. La lumière du jour pénètre dans les écoles d'une façon satisfaisante. Il y a six grandes fenêtres dans la salle des grands et quatre dans la salle des petits. Un large couloir sépare les deux classes, ce qui est très-avantageux pour la circulation des élèves, sans que les grands et les petits soient jamais réunis. La discipline y gagne beaucoup.

Depuis longtemps une gymnastique existait en 1866, au lycée de Vesoul, mais nous doutons fort qu'il en existât une autre dans le département à cette époque. Scey-sur-Saône possédait la sienne en 1867. Cette question de la gymnastique pour la jeunesse, qui heureusement en 1872 est popularisée, était une exception en 1867 : c'est au point que M. de Pontavisse, inspecteur d'académie à cette époque, appelait l'attention du ministre, dans un rapport de 1868 ou 1869, où il citait Scey-sur-Saône pour cette amélioration et pour d'autres.

La première classe commence à 7 h. 1/2, pour se terminer à 11 h. 1/2. Celle du soir commence à 1 h. 1/2, pour se terminer à 6 heures en été, à 5 heures en hiver. La classe du matin comprend : l'étude, la lecture, l'enseignement religieux, la grammaire, l'histoire de France, la géographie, l'arpentage. Celle du soir comprend : l'écriture, le dessin linéaire, l'exercice de syntaxe, une composition littéraire, une dictée orthographique, la comptabilité, la mise au net des devoirs corrigés, des leçons d'éducation, des petites conférences, le chant et la musique vocale. On traite aussi des sciences naturelles et de l'histoire naturelle.

Le matin, dans la classe des petits, on traite : la lecture, l'écriture, l'enseignement religieux, la grammaire, l'arithmétique, la leçon des choses, c'est-à-dire de petites causeries sur l'histoire naturelle et la division des temps. Le soir, on traite : la lecture, l'écriture, la conjugaison orale, la dictée orthographique, le dessin linéaire, la mise au net des devoirs corrigés, le chant et la musique vocale.

Les récentes réformes de M. Jules Simon opérées en octobre 1872 ne concernant jusqu'à présent que l'enseignement secondaire, ces modifications n'atteignent en rien les écoles primaires de Scey-sur-Saône. Toutefois, nous nous faisons un plaisir de remarquer que l'homme d'un mérite réel qui dirige nos écoles, M. Lalouette, a su pressentir, depuis quatre ans, certaines améliorations indiquées depuis dans la circulaire de M. le Ministre de l'Instruction publique. En m'entretenant avec cet instituteur de questions pédagogiques, ou en l'entendant donner ses leçons, j'ai été frappé de ses efforts pour substituer à la lecture inintelligente et mécanique une lecture intelligente, expliquée, commentée et comprise. Évitant le ton déclamatoire et la psalmodie monotone, il lit comme il parle, d'un ton naturel et avec un accent vrai. Pour l'histoire il préfère tracer les récits de vive voix et reproduits par les élèves, plutôt que ces leçons apprises par cœur. Pour la géographie, il préfère l'enseignement des cartes à celui des livres, et les murs des classes de Scey-sur-Saône sont heureusement pourvus de bonnes cartes. Qu'il trace encore davantage au tableau noir, et il verra que l'élève non-seulement se mettra les mots dans la tête, mais qu'il pourra se figurer la position et la configuration des pays dont on lui parle. Que M. Lalouette persévère dans la guerre qu'il déclare au nazillement des enfants lorsqu'ils récitent leurs leçons. Ce nazillement désespérant se remarque davantage chez les enfants français que chez les enfants anglais et allemands; il est disgracieux au possible, et plus tard il influe sur la diction dans un âge plus avancé. Même observation de traîner sur les mots, *cultivââteur* pour cultivateur, etc., etc. C'est par une entente salutaire entre les honorables ecclésiastiques qui dirigent les catéchismes et les instituteurs qu'un tel défaut peut être, sinon extirpé, du moins amoindri.

D'après l'exposé qui précède, la Commission sera peut-être d'avis que la situation des écoles de Scey-sur-Saône est satisfaisante dans son ensemble. Quels sont les points sur lesquels une amélioration pourrait être apportée? Nous allons essayer de les indiquer.

L'argent joue un rôle important dans les matières d'instruction comme dans toutes les autres. Pour améliorer il faut des ressources, pour les écoles il faut des livres et encore des livres. Lorsque l'enfant a atteint l'âge de dix ans, selon le plus ou moins grand développement de son intelligence, alors qu'il a vaincu les difficultés matérielles de la lecture, qu'elle n'est plus mécanique, qu'il commence à saisir le ton et l'accent de la conversation, il aborde alors la composition française. Dès ce moment, le besoin se fait sentir d'une récitation expressive choisie dans les meilleurs auteurs de fables et de morceaux littéraires. Les ressources financières ne permettant pas à la commune une dépense assez considérable de livres de choix pour remplir le but cité plus haut, un don volontaire y suppléa en 1869, et la bibliothèque des écoles s'enrichit d'ouvrages au nombre de 31, dont les noms suivent :

Le Livre d'histoires, par M. G. N. Fabre.

Francinet, par M. Bruno.

Lectures variées, par M. Maigne.

Petit-Jean, par M. Jeannel.

Livre de lectures des écoles, 1er semestre, par M. Émile Chasles.

Livre de lectures des écoles, 2e semestre, par M. Émile Chasles.

André, ou la Ferme de Meylan, par M. J. Taulier.

Évangile d'une grand'mère, par Mme la comtesse de Ségur.

Grandes époques des Français, par M. E. Rendu.

La Science élémentaire (la Terre), par M. J. Fabre.

La Science élémentaire (les Ravageurs), par M. J. Fabre.

La France (4 volumes), par MM. Manuel et Alvarès.

Le Fablier des écoles, par M. Porchat.

Arithmétique agricole, par M. J. Fabre.

Simples notions de physique, par M. Laurent de Jussieu.

Géographie de la France, par M. Esseyric.

Histoire de France, par M. Pigonneau.

La Semaine de l'enfant, par M. Guillemot.

Les Lectures graduées, 1ʳᵉ partie, par M. Dupont.

Les Lectures graduées, 2ᵉ partie, par M. Dupont.

L'Histoire Sainte à la portée des enfants, par M. Dupont.

Le Fablier des écoles, 2ᵉ partie, par M. Porchat.

La Sagesse du hameau, par M. Porchat.

Les premières leçons par cœur, par M. Braud.

Mais, après les événements de 1870-71, alors qu'on se remit au travail, M. l'instituteur Lalouette s'aperçut bientôt que cette acquisition de bons ouvrages ne remplissait pas complétement le but, en ce sens que le nombre des livres n'était pas suffisant. En effet, lisait-il *l'Évangile d'une grand'mère*, par Mᵐᵉ la comtesse de Ségur, les enfants, n'ayant pas le même ouvrage sous les yeux pour suivre la lecture du maître, écoutaient ou plutôt n'écoutaient pas du tout et pensaient à toute autre chose. La leçon était perdue par le fait. Il s'agissait donc de porter au chiffre de douze chacun des exemplaires les plus intéressants, de façon à ce que, deux enfants lisant sur le même livre, vingt-quatre pourraient suivre la leçon du maître, et ainsi de suite. On a trouvé dans la localité une personne qui s'est offerte pour faire cet achat, et en ce moment l'école possède douze exemplaires de chacun des ouvrages dont les noms suivent :

Le Livre d'histoires, par M. G. N. Fabre.

Francinet, par M. Bruno.

Lectures variées, par M. Maigne.

Voilà un commencement. Au fur et à mesure on augmentera la bibliothèque. Il est bon de faire observer que ces livres, provenant de dons particuliers, restent la propriété des écoles et non des enfants, de façon à pouvoir être utilisés plusieurs années.

Voici une autre amélioration qui peut être proposée. Le service militaire obligatoire va forcément habituer au maniement des armes les plus jeunes générations, puisque ce sera autant de gagné pour l'ensemble de l'instruction. Dans les lycées des villes, les élèves apprennent le maniement du fusil; agir de même dans les écoles des campagnes est impossible; mais pourquoi n'enseignerait-on pas, aux heures de récréation, le maniement de fusils en bois pour la classe des grands? Dans le nombre des habitants, on trouvera bien quelque ancien soldat qui pour un peu d'argent donnera les leçons élémentaires. Cet essai a été tenté dans le département; dans la commune de Courchaton il a réussi. D'autres communes ont suivi. En Suisse, dans toutes les écoles de village, les enfants font l'exercice avec des fusils en bois. Il y a sur tout l'ensemble de ces exercices les règlements les plus minutieux. Nous n'aurions qu'à copier, ce n'est pas bien difficile. L'enfant a une agilité double de celle d'un homme. Que de temps gagné pour la future école de peloton si on se mettait sérieusement à l'œuvre! Voilà plus de vingt ans qu'il en est ainsi en Suisse. En France, les imprudents qui depuis vingt ans souriaient de ces améliorations auront, il faut l'espérer, changé d'avis depuis les terribles leçons de 1870.

De la latitude laissée aux parents de ne pas faire rentrer leurs enfants dans les classes aux époques fixées.

L'inconvénient de cette latitude offre une certaine gravité. La rentrée des classes, fixée au 1er octobre, n'a lieu réellement pour la plupart que vers le 15 novembre, et dès la fin de février les bancs se vident peu à peu. C'est un problème difficile à résoudre dans une localité agricole comme Scey-sur-Saône. Le mal préoccupe avec juste raison monsieur l'instituteur. Comment y remédier? Sans aller jusqu'à se servir du mot *obligatoire* dans le sens le plus rigoureux, le plus radical, proposé par certaines personnes, nous pensons qu'on pourrait inviter les parents à envoyer leurs enfants jusqu'à un certain âge, ou bien que cette sorte d'obligation fût prolongée au delà de 13 ans pendant les mois d'hiver pour rattraper les mois d'été perdus les années précédentes.

De la gratuité limitée ou absolue.

Dans les écoles de garçons de Scey-sur-Saône, sur 117 élèves inscrits, il y en a 59 qui payent et 58 qui reçoivent l'instruction gratuite. La proportion des enfants gratuits est évidemment assez considérable pour qu'il soit permis d'affirmer que l'indigence des parents n'a pas pu empêcher les enfants de fréquenter l'école, et comme l'expérience de chaque jour démontre qu'une plus grande extension de la gratuité ne contribue nullement à assurer la fréquentation, il en résulte que l'établissement de la gratuité absolue n'aurait d'autre effet que de priver la commune d'un revenu important sans aucun profit pour l'instruction. A Scey-sur-Saône, comme ailleurs, le vice capital existe dans la fréquentation irrégulière des écoles. Nous ne cesserons de le répéter, comme nous avons essayé de l'expliquer plus haut.

Deuxième partie. — Les cours d'adultes.

Cette deuxième partie du rapport est le revers de la médaille de la situation satisfaisante développée plus haut. Le Cours d'adultes inauguré en 1868 n'a pas donné jusqu'à ce jour le moindre résultat satisfaisant. Il est peu fréquenté par les jeunes gens, il ne l'est pas du tout par les hommes dans la force de l'âge. Ce regrettable résultat ne semble pas décourager M. Lalouette, et il a raison : je l'encourage le plus possible à persévérer. L'immense avantage d'une salle d'asile est tellement apprécié à Scey-sur-Saône, où l'on y compte le chiffre considérable de 117 enfants, qu'une sorte de révolte surviendrait parmi la population si l'idée venait de la fermer. Or, un sentiment tout opposé eût prévalu autrefois si on eût essayé de la créer il y a 25 ou 30 ans.

Je considère comme possible un avenir presque aussi certain pour le cours d'adultes, si on est bien décidé à persévérer. Il faut avoir la franchise de le dire. La population ne comprend pas encore l'avantage d'un cours d'adultes; elle en est à croire, prise en masse, que le cours est à l'usage des plus grands parmi les enfants. Il en résulte que les hommes dans la force de l'âge n'osent pas y aller par un sentiment de respect humain ou d'amour-propre mal placé. La difficulté ne sera pas vaincue, tant que les hommes croiront n'y trouver que l'*a b c* ou les notions les plus élémentaires. Lorsqu'un homme d'esprit s'y rendra pour s'y perfectionner dans des connaissances incomplètes, qu'il profitera des lectures pour agrandir le cadre de ses connaissances, il en parlera à ses amis, qui s'y rendront à leur tour, ne serait-ce que par simple curiosité. L'impulsion alors sera donnée. Pour arriver à ce résultat, M. Lalouette va essayer d'un moyen mixte qui, nous l'espérons, sera couronné de plus de succès que les réunions de l'hiver 1872-1873. Dans les villes, le sujet du cours roule sur des lectures variées, puis le maître s'arrête, écoute et répond aux observations qui lui sont faites par les personnes qui désirent s'instruire sur tel ou tel fait. Mais, dans les campagnes, il serait téméraire de débuter de prime-abord de la sorte. En voulant trop, on n'obtenait rien. Le cours durant une heure et demie, la première moitié sera consacrée à réviser les devoirs de composition et d'écriture donnés dans la leçon précédente, et la dernière moitié du temps sera seule consacrée à des lectures sur l'histoire, la géographie ou l'histoire naturelle. Il en résultera qu'il ne restera dans la salle que ceux qui ne seront pas obligés d'aller se coucher de bonne heure pour être prêts le lendemain aux travaux agricoles. L'essai ne coûte rien à tenter, et il faut espérer qu'il aura de meilleurs résultats.

Si nous faisons des vœux pour la réussite du cours d'adultes, c'est qu'à notre avis il est le complément indispensable de l'instruction primaire. Nous allons plus loin, et nous pensons que l'instruction primaire sans le cours d'adultes n'offre qu'un avantage relatif, parce qu'il est incomplet. N'en déplaise à certains hommes, ou passionnés ou imbus d'idées extrêmes, c'est encore une question très-difficile à résoudre pour des gens très-compétents que de savoir si un homme qui sait tout simplement lire et écrire dans l'acception brutale de ce mot devient meilleur que celui qui ne sait ni lire ni écrire. Mais là où tout le monde est d'accord, c'est que ce bien ou ce mal, il faut le reconnaître franchement et sans arrière-pensée, parce qu'il est inévitable. On ne prétend pas faire remonter un fleuve à sa source, mais on peut, avec du travail, le maintenir dans son lit et le diriger dans son cours impétueux. Prétendre anéantir une maladie épidémique serait bien téméraire ; atténuer ses effets pernicieux par l'esprit d'observation et de travail est possible. Nous reconnaissons que la plupart du temps un homme qui sait à peine lire et écrire n'en profite que pour faire une lecture malsaine, s'infiltrer un poison pire que l'ignorance, et augmenter le nombre de ces malheureuses dupes de charlatans prétendus politiques ; mais à ce mal, s'il existe, nous ne trouvons pour palliatif, après la religion, que la fréquentation du cours d'adultes. Lorsqu'un homme qui n'aura pu recevoir que l'instruction primaire éprouvera un doute sur un point d'histoire, de géographie, etc., le maître du cours d'adultes seul pourra l'y aider ; et certes, celui qui n'aura pour toute connaissance que l'instruction primaire, en partie oubliée depuis l'âge de quatorze ans, sera dans la situation d'avoir souvent recours à cette aide. Alors seulement, cette simple ébauche d'instruction primaire se fortifiera, se complétera peu à peu, et l'intelligence de cet homme se développera dans le sens du vrai, si la leçon est bien donnée.

Telle est la raison pour laquelle nous attachons une importance très-grande à ce complément de l'instruction primaire, et nous souhaitons voir M. Lalouette persévérer et réussir.

BAUFFREMONT.

Novembre 1872.

889 — Paris, imprimerie Jouaust, rue Saint-Honoré, 338.